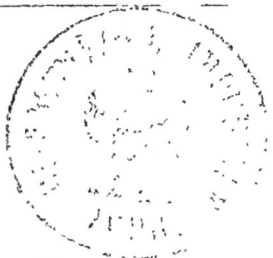

DE

LA FOLIE

D'APRÈS M. FLOURENS,

(DE L'ACADÉMIE FRANÇAISE),

Par Antoine MOLLIÈRE.

LYON.

IMPRIMERIE D'AIMÉ VINGTRINIER,

Quai Saint-Antoine, 36.

1853.

DE LA FOLIE

D'APRÈS M. FLOURENS,

(DE L'ACADÉMIE FRANÇAISE),

Par Antoine MOLLIÈRE.

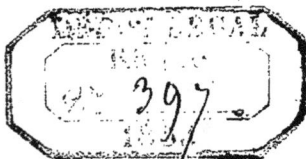

—

En 1842, M. Flourens publia son remarquable ouvrage intitulé : *Examen de la Phrénologie.* Quoique étranger à la science physiologique j'osai alors parler de ce travail en m'autorisant de cette pensée si belle et si vraie de J. de Maistre : « qu'il n'y a pas de science qui ne doive rendre compte à la métaphysique et répondre à ses questions » (1). C'est à ce titre que j'appréciai cet *Examen*, qui passait au crible d'une raison si juste et d'une observation si savante la doctrine spécieuse, et alors presque triomphante, du docteur Gall.

Il m'avait semblé que l'impression faite sur mon bon sens devrait se produire à la longue sur celui de tous les hommes qui recherchent, dans les nouveautés, la vérité réelle, et non point un amusement de l'Imagination ou une fascination éphémère de l'Intellect. Je ne m'étais point trompé ; et il n'a pas fallu beaucoup d'efforts au public sérieux et instruit pour qu'il se

(1) *Soirées*, 2 v., p. 325.

soit aperçu, à l'aide de ce brillant flambeau, de tout le matérialisme infect et coupable qui se cachait, dès l'origine, sous
l'échiquier crânien du novateur.

L'œuvre de M. Flourens s'est propagée avec la rapidité
d'une vérité trop longtemps entravée dans sa marche, et qui
a comme à réparer le temps perdu; plusieurs éditions ont été
la preuve matérielle de ce succès. Il y a peu de temps, la
troisième a paru, *augmentée d'un Essai physiologique sur
la Folie.* Ce n'est point sans raison, probablement, que l'é-
minent auteur a jugé à propos d'associer dans la même pu-
blication ces deux travaux, plus dissemblables en apparence
qu'en réalité : après les folles doctrines, pourra-t-on dire en
riant, se place assez bien une étude sur la folie; et puis,
d'ailleurs, n'est-ce point dans l'altération du cerveau, cette
haute résidence de la pensée, de la raison et de la volonté,
que la folie trouve sa seule explication raisonnable ?

J'ose encore aujourd'hui, en suivant pour cela l'exemple
de mon auteur, entreprendre un peu tardivement il est vrai
de dire quelques mots sur sa seconde œuvre, avec toute la
réserve que m'imposent et la nature du sujet, et le nom de
l'auteur.

C'est toujours au point de vue métaphysique et au point
de vue moral simples que je me place pour cette rapide appréciation. Il sera facile au lecteur de tirer les conséquences
qui en découlent pour l'imputabilité et la responsabilité des
actes de l'homme, au point de vue social et surtout au point
de vue judiciaire proprement dit. Il ne peut s'agir ici, si je
puis ainsi parler, que de physiologie psychologique.

Disons-le d'abord, M. Flourens a un mérite qu'on ne saurait trop signaler et louer trop dignement, parce qu'il n'est
pas commun et qu'il dénote un esprit tellement plein de la

science et tellement dévoué au vrai qu'il semble ignorer même la plus ordinaire des vanités d'auteur.

Assez riche de son propre fonds scientifique pour pouvoir se renfermer dans la sphère des études où il prime, assez brillant dans sa forme littéraire pour être tenté de ne la consacrer jalousement qu'à parer ses propres pensées, M. Flourens se plaît néanmoins, avec une sorte d'abnégation qui l'honore, à mettre tous ces trésors de l'art de connaître ou d'écrire au service des grands savants, qui lui semblent mériter de grandir encore dans l'estime des hommes.

Grâce à l'esprit logique et condensateur, au style élégant et clair de ce *vulgarisateur* généreux, nombre d'œuvres qui sont l'honneur de l'esprit humain, mais qui, à cause de leur immensité ou de leur ésotérisme, ne pouvaient être lues que par le petit nombre, tombent dans le commerce général des esprits, et obtiennent à leurs auteurs, sous cette forme nouvelle, plus d'admirateurs, et par conséquent de plus universels succès, qu'elles n'en avaient eu sous leur forme originale elle-même. C'est ainsi que nous avons dû successivement à la plume dévouée de M. Flourens les analyses de l'œuvre entière de G. Cuvier, de celle de Buffon, d'une partie de celle de F. Cuvier ; analyses dans lesquelles on ne sait ce qu'il faut le plus admirer ou du consciencieux résumé, ou de la sagacité de redressement et de complément qui y préside.

Cet *Essai physiologique sur la Folie* est également une série de rapides analyses de tous les travaux faits sur cette matière dans les derniers temps de la science, travaux desquels l'excellent esprit de celui qui les résume dégage les plus sages et les plus utiles conclusions.

Tenter une analyse de toutes ces analyses est périlleux, d'abord parce que la manière sobre et serrée de M. Flourens semble résister à toute nouvelle réduction: ensuite, parce que, pour la bien faire, il me faudrait, ce qui me manque, à savoir : cette double autorité du savant spécial et du penseur, qui donne tant de poids à l'œuvre elle-même.

Je vais donc seulement hasarder quelques idées sur les données générales de cette exposition de doctrine.

De toutes les infirmités qui peuvent affecter notre pauvre nature, la Folie est sans contredit la plus effrayante, la plus humiliante et la plus mystérieuse. Affection complexe de l'Esprit et de la Chair, elle donne le change à la pensée et déroute les investigations de la science : mal moral , elle échappe souvent, dans sa cause première, à l'observateur qui n'est que physiologiste : mal physique, elle échapppe souvent aussi, d'autre part, dans sa cause occasionnelle, à l'observateur qui n'est que philosophe.

Que résulte-t-il de cette double méconnaissance des uns et des autres ?.. Deux erreurs également funestes, l'une à l'Esprit, l'autre au Corps ; car c'est alors, ou le matérialisme absolu qui supprime l'esprit, ou le spiritualisme, également absolu, qui brutalise le corps. Pour les premiers, la folie est une fatalité toute machinale ; pour les seconds, une fatalité toujours incurable.

C'est contre cette double erreur qu'est dirigé le travail de M. Flourens. La folie peut être souvent prévenue comme souvent elle peut être guérie ; elle peut donc dépendre de la volonté autant qu'elle relève de la science. Cette conclusion , aussi précieuse pour le moraliste que pour le médecin, donne à juger du mérite et de l'utilité de l'œuvre.

Exposant d'abord l'historique de cette science, M. Flourens nous apprend que les Anciens avaient des idées fort justes sur la folie. Hippocrate , quoiqu'incidemment, il est vrai, y avait appliqué sa raison supérieure ; Arétée et Cœlius Aurélianus l'ont très-bien décrite, et Gallien l'a traitée en physiologiste habile.

Ces savants plaisantaient, du reste, volontiers sur l'explication vulgaire de la folie par l'influence des dieux malfaisants, comme ceux de notre temps plaisantent aujourd'hui sur celle du diable. Mais, moins conséquents que ces derniers, aucun ne tentait de guérir une infirmité, qui leur semblait cependant à tous si naturelle ; et tous, au contraire, en fin de compte, l'abandonnaient entièrement à la sollicitude de cette Providence, en qui, d'autre part, il leur répugnait, avec si juste raison, d'en placer la cause efficiente et première.

Un tel mal devait être une difficulté insoluble pour ce monde anté-chrétien, si faiblement éclairé sur le grand problème du mal.

Assurément, cette reconnaissance vague mais unanime d'une influence surnaturelle d'Esprits malfaisants comme cause possible de certaines folies, était déjà une confession du genre humain assez grave dans son principe pour valoir d'être réfutée autrement que par des plaisanteries ; mais il n'appartenait qu'à la révélation chrétienne de projeter des lueurs plus certaines sur cette mystérieuse correspondance des deux mondes. Quelques mots sur ce point, qui est, il est vrai, un peu en dehors de la stricte sphère scientifique où se placent les physiologistes ; mais il vaut la peine qu'on s'y arrête un instant ; et la science gagnerait, à coup sûr, à ne pas toujours passer outre trop légèrement sur ce grave côté des choses invisibles.

Qu'on ait abusé étrangement de ce mode d'explication, et que cet abus déplorable ait engendré l'abus plus déplorable encore de répressions injustes et cruelles, cela est écrit en traits trop sanglants dans l'histoire pour qu'on n'y doive pas reconnaître le chapitre le plus triste et le plus horrible des folies humaines ; mais qu'on se croie, d'autre part, en sa double qualité de philosophe et de savant, obligé de nier, absolument et en tout cas, toute intervention d'une puissance mauvaise surnaturelle dans la folie, c'est ce qui ne se peut faire, qu'on le sache bien ; sans ridiculiser en même temps les récits sacrés de cet Évangile, auxquel tous les esprits sains et les cœurs droits reconnaissent pourtant, d'autre part, si unanimement les caractères de la vérité divine.

Sans doute, la folie, ou le *dérangement* mental, peut tenir, et tient même souvent à des causes physiques et à des accidents matériels auxquels Dieu a voulu que l'Esprit fût, en quelque sorte, subordonné, par suite de son association avec le Corps. Les réactions naturelles et incontestables de la Matière et de la Chair sur l'Esprit suffisent à l'explication ordinaire de ces phénomènes étranges du dynamisme mixte de l'être humain.

Mais il est des folies, et en très-grand nombre, qui ont une origine mauvaise et immorale dans l'individu ou dans la race ; et, dans celles-là, l'Evangile nous dit formellement que le diable ou démon peut y être de moitié. Que sont, en effet, les démoniaques de l'Evangile, si non des insensés, des fous furieux ou des idiots, auxquels la toute-puissance de N.-S. Jésus-Christ rend la vie pleine de l'intelligence et de la raison ? « Et ils virent celui qui était tourmenté par le dé- « mon, assis, vêtu et ayant l'*esprit sain* » (1). « Il a en lui un « démon et il est *insensé*, » osent dire les Juifs de Jésus lui- « même (2).

L'Evangile est plein de ces faits surnaturels et nullement figuratifs ou allégoriques, où le démon vaincu abandonne ses pauvres victimes dans un état tel que la puissance divine peut seule les ranimer ; et c'est pour cela que le Christ donne perpétuellement ces hautes guérisons spirituelles en preuve

---

(1) Et viderunt illum qui a Dœmonio vexabatur, sedentem, vestitum, et *sanæ* mentis (S. Math. V, 15).

(2) Dœmonium habet, et *insanit* (S. Jean, X, 20).

de sa mission surhumaine et de la vérité de sa doctrine. Or, il faut croire à ces faits, ou reconnaître que la plus grande vérité, qui ait été donnée aux hommes, leur est venue du plus crédule ou du plus rusé des imposteurs. Cela est embarrassant, mais très-clair.

Il serait temps d'en finir avec cette manie éclectique des forts esprits de notre âge de toujours scinder le Christ, en le proclamant tout haut le plus saint des révélateurs dans sa parole, en le désavouant tout bas comme le thaumaturge le plus coupable ou le plus ridicule dans ses miracles impossibles.

Supprimer Satan du bout de la plume ou de la langue et en rire bravement, c'est facile, en vérité ; mais y voit-on plus clair après dans la question du mal, et surtout de certain mal ?.. Voilà la question. Satan, une chimère ! Hélas ! grâce à notre perversité, son régne sur les hommes est souvent pour des yeux sincères, plus visible que celui de Dieu même, ce souverain seigneur de tout être !.. Aussi, quant à moi, je l'avoue, je ne croirais pas à l'influence satanique dans certaines folies, de par l'Evangile, que j'y croirais encore, de par mon bon sens ; car je sens qu'il ne se peut qu'une croyance aussi universelle n'ait pas un fonds de vérité ; car surtout il me répugne d'être obligé d'attribuer aux excès seuls de la liberté humaine de si honteuses perturbations de notre nature. Je sais bien que l'homme peut, à lui seul, faire en lui-même de grandes ruines, mais il en est qui, par leur excès de malfaisance, ne peuvent s'expliquer par sa seule puissance de perversité. Or, en ce cas, sur qui donc rejeter une partie de la responsabilité dernière de pareils attentats, si ce n'est sur quelque malfaisant supérieur du monde des Esprits, qui, continuant ainsi sa révolte première contre Dieu, se fait un horrible bonheur de pousser l'homme, à travers toutes les plus vicieuses aberrations, jusqu'au suicide, dernier acte de suprême et coupable folie ? Pour l'honneur de l'Humanité,

j'aime à penser. qu'un mal si agressif ne vient pas absolument et uniquement de l'homme : qu'il a eu, en surcroît, une cause plus mauvaise, plus damnable que lui ; et en revenant à mes croyances, qui me révèlent si magistralement cet ordre spirituel, je me plais à en voir la preuve évidente dans l'insigne faveur de la rédemption, qu'Adam, moins coupable que Lucifer, a reçu de son Dieu outragé.

Vraiment, cette théorie surnaturelle satisfait mieux ma raison sur le mystère du mal que les petits dédains d'une science sceptique, si impuissante à l'expliquer. Que dis-je ? Il n'est, à cet égard, si pauvre *Credo* de Sauvages qui ne lui soit supérieur, de toute la supériorité d'une affirmation, même défigurée, sur une négation qui s'ignore.

Mais, quoi ! le langage humain, cette formule instinctive et nécessaire de toute vérité, n'est-il pas, à lui seul la vivante démonstration de cette doctrine ? Vous dites d'un homme, qui excède *volontairement dans le mal*, que sa *passion*, quand il est arrivé à un certain point, l'*emporte*, qu'il n'est plus *maître* de lui, qu'il est *aliéné*, enfin ! Qu'est-ce donc à dire ? Subjectivement parlant, qu'est-ce qu'une passion *seule* pour *emporter* un homme ? S'il n'est plus son *maître*, qui donc l'est alors ? Ce sens qu'il a *perdu*, qu'est-il donc devenu ? qui l'aura pris ou trouvé ? cette *aliénation* de l'esprit, au profit de qui s'est-elle accomplie ?.. Je vous le dis, moi, sans hésiter, dût l'orgueil rationaliste s'en scandaliser ! cet être qui, par sa faute, ne se *possède* plus, est (admirez ce mot chrétien !) *possédé*. Cet *aliéné* a donné à un autre le domaine de son être ; et c'est l'Esprit de ténèbres, le *Grand mauvais* (comme le nomme St-Paul, qui était assez bon philosophe) le démon, enfin, qui a dû être le provocateur et le bénéficiaire de ces avilissements et de cette abdication de l'âme.

« La liberté effrénée de la passion, dit avec sa haute rai-

« son l'illustre Fréd. de Schlegel, n'est pas une vraie liberté ;
« elle est, au contraire, une dure servitude, qui soumet au
« joug de la nature. Puisque cependant cette liberté perver-
« se et dépravée est d'une espèce spirituelle, et, par consé-
« quent, supra-sensible , il sera conforme à la vérité d'en
« regarder comme le véritable auteur, comme le premier in-
« venteur, celui que la Révélation nous représente comme l'é-
« goïste le plus grand, le plus puissant , le plus fécond , en
« ressources et en inventions, parmi tous les êtres de la créa-
« tion visible et invisible (1). »

Ainsi s'étaient déjà exprimé le génie de Bossuet, et celui de
tant d'autres esprits, si grands encore à nos yeux, même
lorsqu'ils ont la tête courbée sous le joug des communes
croyances.

Donc toute folie, *coupable* dans son principe, et terminant
l'évolution d'une passion vicieuse, toute folie semblable,
strictement envisagée au point de vue religieux, a, pour
cause seconde, plus ou moins voulue, une possession. Aussi ,
comme le firent les disciples de N.-S. Jésus-Christ, à propos de l'aveugle-né, est-il toujours permis de demander ,
d'une telle folie : qui a péché, de celui qui en est affecté ou
de ses parents ? C'est le péché de l'individu ou de la race qui
rend le mieux raison de ces perturbations intimes , mauvaises et malfaisantes, à moins toutefois que cette invasion
ne soit par Dieu permise , pour que ses œuvres se manifestent dans les guérisons que, directement ou indirectement, il
en opère (2).

Donc, la prière de la foi et les exorcismes de l'Eglise pour-
raient bien être, souvent, les premiers , les plus efficaces, et

(1) *Philosophie de l'histoire,* trad. par Lechat. 1836, tom. II, p. 224.

(2) Interrogaverunt eum discipuli ejus. Rabbi, quis peccavit, hic, aut
parentes ejus? Respondit Jesus : neque hic peccavit, neque parentes ejus ;
sed ut manifestentur opera Dei in illo (S. Jean, IX, 3).

même les seuls remèdes pour certaines folies. Et c'est pour cela que le Christ lui-même, parlant du mal d'un possédé qu'il venait de guérir, associe merveilleusement, dans ses conseils, le traitement spirituel au traitement matériel. « Ce genre « de démons, dit-il, ne se chasse que par la *prière* et le « *jeûne* » (1).

Telles sont, au point de vue mystique, les saines idées sur la folie : idées qui seront toujours lettre close pour tous ceux dont les esprits, orgueilleux ou alourdis, se refusent à comprendre, que l'ordre surnaturel enveloppe et pénètre l'ordre naturel, comme le ciel immense et lumineux le fait de la terre.

Et qu'on ne suppose pas, du reste, que ces idées soient de nature à gêner les efforts de la science humaine pour la guérison de cette triste infirmité, quand elle n'est qu'une simple et naturelle infirmité, dont Dieu seul, d'ailleurs, a le secret dernier. Que rien donc ne l'arrête dans sa noble carrière ! Nos missionnaires s'abstiennent-ils d'aller verser leur généreux sang sur les plages barbares parce que le démon y règne souvent en maître ? Les savants sont les missionnaires pacifiques de la vérité humaine ; et leur science, si généreusement inspirée, parvient souvent à trouver, dans les moyens humains, des remèdes qui sont au corps et à l'esprit du pauvre aliéné ce que ceux de la religion et de l'Eglise peuvent, en certains cas, être à son âme. Ainsi revenons-nous naturellement à notre sujet.

Selon M. Flourens, la médecine a été lente dans sa moderne renaissance à cet égard : « les deux derniers siècles, dit-« il, *qui ont tout renouvelé* parmi nous, n'ont produit au-« cun ouvrage important sur la folie. »

Et d'abord, en fait de *renouvellement*, entendons bien que

(1) Hoc genus non ejicitur nisi per orationem et jejunium. (St. Math., XVII. 20).

M. Flourens ne parle que de la Médecine, et encore de la Médecine à l'endroit de la folie. Son esprit, si érudit et si juste, n'a pu vouloir dire autre chose dans cette phrase, à expression peut-être trop générale. Nous ne craignons pas de faire ces réserves en son nom. M. Flourens, sait, en effet, mieux que nous-même, tout ce que l'esprit humain a dû, en tout genre, aux siècles antérieurs ; et il comprend, à coup sûr de même, combien, à ce point de vue d'un éloge si absolu, il serait d'ailleurs injuste de mettre sur la même ligne et le XVIIᵉ siècle, si universellement créateur, et le XVIIIᵉ, si universellement destructeur. Qui peut ignorer ce que le premier a renouvelé si brillamment parmi nous ? mais, quant au dernier, sauf une certaine impulsion donnée, dans un sens, du reste, trop matérialiste, aux sciences physiques et physiologiques, déjà même presque toutes en marche dès alors, n'est-il pas assez certain qu'en fait de nouveautés il s'est plus appliqué à *nier* qu'à affirmer, à ruiner qu'à édifier, à faire des *folies*, enfin, qu'à en guérir ? Mieux encore, selon M. Flourens, il les tenait toutes pour incurables. Hélas ! les demeurants de ce siècle au milieu de nous ne semblent-ils pas encore se plaire à nous prouver que, pour certaines d'entre elles, il avait bien raison ?

Quoi qu'il en soit, c'est notre siècle qui a l'honneur d'avoir le premier pris à cœur sérieusement la destinée de ces pauvres deshérités de la raison, de ces tristes victimes de l'ignorance médicale.

Quatre noms, au dire de M. Flourens, résument tous ces nobles et heureux efforts ; ce sont ceux de Pinel, Esquirol Georget et Leuret.

I.

« Le premier pas qu'ait fait Pinel a été de reconnaître que
« la folie est curable ; le second a été de substituer à un trai-
« tement barbare un traitement plus humain, mieux rai-

« sonné, plus sage ; le troisième enfin a été de joindre au
« traitement physique le traitement moral. »

Le premier, il classe ces étranges phénomènes de la vie
morale ; et M. Flourens reconnaît qu'il l'a fait avec la pénétration d'un philosophe.

Il est vrai qu'à ce sujet Pinel prétend n'avoir pu le
faire et le bien faire que parce qu'il avait « profondément
« médité les écrits de Locke et de Condillac, et s'était rendu
« familière leur doctrine. » Quant à moi, j'ai peine à ad-
mettre que ce soit auprès de ces deux fervents apôtres du
sensualisme que Pinel soit allé puiser son idée si généreuse et
si élevée du traitement moral. Toutefois, puisqu'il l'affirme,
c'est le cas de dire que chacun voit et lit à sa façon ; qu'en
faisant de la philosophie on procède souvent, *a contrario*, à
l'insu de soi-même ; et qu'alors il peut arriver que de grosses
erreurs réveillent ainsi indirectement dans l'esprit de grandes
vérités. Un homme qui se connaissait assez en spiritualisme,
celui que je citais en commençant, J. de Maistre, a dit de ces
deux hommes que « le premier manquait de tête et l'autre
de front. » En effet, Locke ne prétend-il pas, entre autres vi-
laines erreurs, que la matière peut être *douée* par Dieu de la
pensée, parce que Dieu peut tout (même sans doute faire un
triangle sans trois angles) ! et tous les deux ensemble, dans
leur burlesque définition de la liberté, dont ils font une puissance *physique* plutôt qu'une puissance *morale*, — définition
qui, soit dit en passant, a bien quelque trait à la question
de la folie, — n'ont-ils pas donné la preuve qu'à tout le moins
ils n'entendaient guère les choses de l'esprit et de la saine
philosophie morale ?

Mais il ne s'agit point ici de Locke et autres faux-dieux
philosophiques d'il y a soixante ans ; laissons-les dormir au
plus profond du champ de la fausse science, et que cette terre,
si vainement remuée par eux, leur soit légère !

Il s'agit des classifications de la folie par Pinel et de ses puissants travaux, base de tous ceux qui ont été accomplis depuis sur la même matière.

Ce savant compte quatre espèces distinctes dans ce qu'il nomme le *genre* folie : « la Manie, la Mélancolie, la Démence « et l'Idiotisme.

« La *Manie* est un délire général avec irascibilité, pen-« chant à la fureur, etc.; la *Mélancolie*, un délire partiel « avec abattement, tristesse, penchant au désespoir, etc.; « la *Démence* est l'extrême affaiblissement des facultés intel-« lectuelles et l'*Idiotisme* est la nullité complète de ces fa-« cultés. »

Telle est, d'après Pinel, la progression descendante de l'affaiblissement de l'esprit, jusqu'à son entière extinction.

Dans l'Idiotisme, c'est l'idée qui manque; dans la Démence, c'est la chaîne ou *consécution* des idées ; dans la Mélancolie et la Manie, c'est la justesse des idées, mais avec cette diffé-rence que le mélancolique n'est fou que sur un seul point, tandis que le maniaque est fou sur tous.

Ici M. Flourens compare Pinel avec Condillac, au dire de ce dernier, l'un de ses maîtres en philosophie. A propos de la perte successive de chacune des *facultés* de l'homme dans les diverses phases de la folie, il rappelle l'*ingénieuse* idée de Condillac imaginant une *statue* qu'il doue successivement des différents *sens*, pour se figurer ce que nous devons à cha-cun de ces *sens* ! Heureusement que Pinel a opéré sur autre chose qu'une statue ; heureusement surtout qu'il s'est préoc-cupé d'autre chose que des sens. M. Flourens ne pouvait mieux faire ressortir la supériorité du physiologiste sur le prétendu philosophe, son initiateur.

Selon lui, Pinel se montre admirable observateur dans l'étude des divers fonctionnements de l'intelligence qu'affecte la folie, depuis la perturbation et la perversion la plus entière de tous les actes intelligentiels jusqu'à leur éclipse partielle, tantôt l'un, tantôt l'autre : ou l'attention, ou la mémoire, ou le jugement.

« Le livre de Pinel, bien étudié, serait, dit-il, une « mine de matériaux pour le philosophe.

« Il en serait une aussi pour le moraliste ; c'est là que pa- « raît bien cette vérité si grande et si peu connue que l'es- « prit a ses maladies comme le corps ; qu'il a besoin, tout « autant que le corps, de précautions, de soin, de régime, « et que sa *santé* n'est pas moins fragile. »

II.

Mais ce que Pinel n'avait, si l'on peut ainsi dire, qu'é- bauché dans ses grandes lignes, un autre devait le dessiner et le parfaire dans ses plus minutieux contours. Ce conti- nuateur fut Esquirol.

Esquirol a d'abord complété et perfectionné la classifi- cation de Pinel. Pinel n'avait indiqué que les couleurs des phénomènes, Esquirol en a déterminé les nuances. Il « fait « des quatre espèces établies par Pinel, quatre *genres* : L'*Idio-* « *tie* (l'idiotisme de Pinel), la *Démence*, la *Monomanie* (la « mélancolie de Pinel), la *Manie* ; et chacun de ces genres a « ses espèces :

« L'*Idiotie* et l'*Imbécillité* sont deux espèces du genre « *Idiotie.* »

L'idiot et l'imbécile, confondus dans la même classification par Pinel, sont tous deux privés, il est vrai, de l'intelligence ; mais l'imbécile parle, et l'idiot ne parle pas ; et Esquirol, avec sa haute raison, les distingue au moyen de ce premier et de ce plus grand signe de l'intelligence, la parole !

Ces deux états, selon lui, se tranchent nettement d'avec tous les autres états de la folie, par leur caractère originel et permanent : ils commencent et finissent avec la vie. L'idiot et l'imbécille sortent ainsi faits, ô mystère ! des mains d'une nature marâtre. L'un est une intelligence nulle ; l'autre, une intelligence avortée ; l'idiot est presqu'une bête ; l'imbécille est un grand enfant. Infirmités radicales et ordinairement incurables ! Oh ! combien il faut que l'homme soit grand par lui-même, pour que, dans un tel état d'abjection et de dégradation, il inspire encore à la science et à la vertu hospitalière l'intérêt et le respect, que toutes les deux alors lui témoignent à l'envi !

La Démence, la Monomanie et la Manie, au contraire, ne sont point des états originels, mais seulement accidentels de l'esprit ; aussi ont-ils leur début, leur accroissement, leurs intermittences, et, presque tous, leur terminaison.

La Démence, selon Esquirol, a trois espèces qui se définissent par les noms mêmes qu'il leur donne : la *Démence* aigüe, la *Démence* chronique, et la *Démence* sénile (seule incurable).

La *Monomanie* ou manie spéciale, a deux espèces, également définies par leurs noms : la *Monomanie* triste (ou Mélancolie de Pinel), et la *Monomanie* gaie.

Enfin, la *Manie* absolue, ce phénomène étrange qui, dit M. Flourens, « demande encore bien des études, » la *Manie* absolue a trois espèces : Manie continue, Manie intermittente, et Manie raisonnante, toutes choses encore qu'il n'est pas besoin de mieux définir.

Et toutes ces espèces ont, hélas ! leurs variétés innombrables !

La classification d'Esquirol est infiniment plus claire et plus expressive que celle de Pinel ; mais Pinel a commencé : et il est plus facile de perfectionner que de créer.

Esquirol éclaire encore ses observations par son étude sur l'*Hallucination*, que M. Flourens estime une des meilleures parties de son œuvre. Esquirol, dit-il, est le premier qui en ait bien parlé ; il l'a distinguée de l'illusion des sens , lui a attribué un caractère purement cérébral , et l'a signalée comme un des éléments de la plupart des folies, bien qu'elle soit en même temps, à ses yeux, une maladie déterminée, distincte, une folie propre. L'hallucination, selon lui, a beaucoup de rapport avec le rêve. « L'halluciné, dit-il, rêve tout « éveillé. » « De même , ajoute M. Flourens, que Voltaire « avait déjà dit d'une manière plus générale et très spiri- « tuelle : le rêve est une folie passagère. » Cette analogie est un trait de lumière ; car elle a le mérite de prouver que l'hallucination, que la folie enfin, est un état cérébral. Cela aurait dû éclairer Esquirol sur le siége de la folie ; cependant cette découverte précise ne lui était pas réservée.

Mais est-il bien vrai néanmoins que l'hallucination n'ait que ce caractère et ne soit jamais qu'une maladie prédisposant à la folie, quand elle n'est pas cette folie même ? L'hallucination ne relève-t-elle, en un mot, que de la physiologie ? et tout ce qu'on appelle improprement hallucination est-il régi par cette seule loi ?

Prenons garde de nous méprendre sur la signification de ce mot, trop souvent employé par la science médico-philoso- phique, pour faire descendre de leur milieu supérieur et ravaler coupablement certains actes, cependant très-normaux, de notre nature spirituelle. Il n'est pas rare d'entendre les imprudents docteurs de cette science, envelopper, par ce moyen, dans un ordre général d'actes maladifs, tous ceux qui ne leur paraissent pas accomplis dans toutes les conditions sensibles ordinaires, alors surtout qu'ils ont une tendance religieuse. Révélations, visions, extases, prophéties ? Pour ces bonnes gens qui croient qu'on ne peut voir qu'avec ses yeux : hallucinations, que tout cela ! et, par conséquent aussi, gloire à la Matière dont , grâce à eux, les lois grossières prévalent ainsi sur les lois pures de l'Esprit !

Et pourtant, qui pourrait contester à l'homme cette noble puissance de l'intuition directe et normale de l'âme sans le secours des sens ? Source première des grandes pensées du génie, des splendides créations de l'art, pourquoi donc cette contemplation ineffable des réalités de l'idéal ne serait-elle pas aussi la suprême relation, le mode religieux de communication de l'âme avec son principe, c'est-à-dire, son père et son amant éternel ? C'est incompréhensible, dira-t-on ! Et qu'importe ? si cela est et si tous ces faits sont, de plus, en rapport direct avec ces vérités religieuses, dont Dieu, sans doute, veut qu'ils soient la preuve matérielle et évidente pour tous.

Or, en dehors de tous les faits superstitieux ou controuvés que tout le monde tient pour tels, les temps anciens, temps de grande foi, fournissent de nombreux et incontestables exemples de ceux qui subjuguent la raison ; et notre temps lui-même, tout sceptique qu'il est, est encore favorisé de ces faits singuliers qui , pour être souvent laissés par l'Église dans le domaine de la libre croyance, n'en présentent pas moins des caractères tout à fait supérieurs à l'ordre naturel proprement dit (1).

Mais que dis-je ? voilà que la philosophie humaine compte avec ces faits merveilleux ; et que, dans l'impuissance de

(1) La seule lecture de la vie et des révélations très-authentiques de la vénérable sœur Émérick, laquelle, déjà clouée sur son lit de douleur par l'épreuve, assez surnaturelle aussi, de la stygmatisation , dicte, nonobstant son ignorance entière de toutes choses , le récit le plus émouvant, le plus poétique, le plus topographiquement et le plus archéologiquement exact de La douloureuse passion de N.-S.-J.-C., accomplie dans cette Jérusalem qu'elle n'a jamais visité ; cette seule lecture, dis-je, suffirait pour éblouir et assoupir les plus fiers esprits. Que j'aurais voulu voir Esquirol et Pinel en face de cette pauvre fille, et de tant d'autres non moins surprenantes !

les nier , elle va même , par un excès contraire non moins
blâmable, jusqu'à tenter, en forçant, du reste, toute vraisem-
blance, de les placer au rang des actes naturels de l'esprit.
« C'est l'intuition , dit Cousin , qui , par sa vertu propre et
« spontanée , découvre directement et sans le secours de la
« réflexion, toutes les vérités essentielles ; c'est la lumière
« qui éclaire le genre humain ; c'est la voix qui parle aux
« prophètes et aux poètes ; c'est le principe de toute inspi-
« ration , de l'enthousiasme , et de cette foi inébranlable
« et sûre d'elle-même, qui étonne le raisonnement, *réduit à*
« *la traiter de folie*, parce qu'il ne peut s'en rendre compte
« par les procédés ordinaires. »

Que la science des *procédés ordinaires* soit donc modeste
et ménage les mots de folie et d'hallucination. Qu'elle se
souvienne toujours de ce grand mot de Pascal, à savoir que :
« *l'homme passe infiniment l'homme*, » et qu'au-delà de
l'homme, il y a encore le Dieu qui peut tout, et qui est bien
libre de communiquer avec sa créature, comme bon lui semble.

N'en faudra-t-il pas dire autant au sujet de ces phénomènes si étranges, si mystérieux, et pourtant si réels du
somnambulisme et du magnétisme, qui, pour appartenir, plus
probablement du moins, à l'ordre naturel, ne semblent, dans
tous les cas, être permis par Dieu que pour fournir l'argument
le plus péremptoire à la thèse de l'immatérialité de notre
être ?...

Mais poursuivons.

Après avoir si bien classé sa matière, Esquirol se livre à un
travail d'analyse expérimentale sur l'intelligence humaine ;
et il remarque dans l'aliéné, les éclipses distinctes, tantôt des
seules facultés intellectuelles, tantôt des seules facultés mo-
rales , tantôt des seules facultés instinctives ; de là il déduit

un triple caractère de la Monomanie, qui est également ou intellectuelle, ou affective, ou instinctive.

Pour lui, l'*Attention* est comme la mesure indicative des divers genres de folies : impossible, dans le maniaque ; spéciale, dans le monomaniaque ; faible, dans l'homme en démence ; elle est nulle, dans l'imbécille et l'idiot.

« Ainsi, dit M. Flourens, la *Manie* se caractérise par la « *dispersion* de l'attention ; la *Monomanie*, par sa *concen-* « *tration* ; la *Démence*, par son *engourdissement*, par sa « *débilité* ; l'*Imbécillité*, l'*Idiotie*, par son *absence*. »

Il y avait, dans cette observation, tout un système de médication qui n'a pas échappé à son auteur ; c'est, en effet, *l'attention* qui commence l'acte intellectuel que la réflexion accomplit : ainsi procède l'esprit de l'enfant pour grandir ; ainsi, à l'inverse, s'éteint celui du vieillard ; ainsi donc devra procéder le *médico-philosophe* pour restaurer le fou !

Tel est le point de départ d'Esquirol. Rappeler le fou à l'*attention* pour le ramener à la *raison* par la *réflexion* ; et pour tout cela, l'*isolement*. L'isolement, l'isolement complet, peut seul rappeler l'insensé à *l'attention* ; c'est là un ébranlement nécessaire qui force le fou à *rentrer* en lui-même, à se voir, à voir son état. « Il commence, dit Esquirol, à soup- « çonner qu'il est malade ; et, s'il acquiert cette conviction, « la guérison n'est pas éloignée. »

Mais ce n'est point assez pour lui de ce traitement de l'esprit. A cette *thérapeutique* morale de la folie, il ajoute une *hygiène* morale destinée à prévenir ce que l'autre guérit.

C'est là le point le plus important et le plus élevé de sa doctrine ; car c'est par là qu'elle touche à ce que la philosophie a de plus sain, et la religion de plus austère.

Ce sont les excès des *passions* qui produisent la folie. Il faut donc, de toute rigueur, pour la prévenir, diriger les passions ou les combattre. Or, le meilleur moyen, comme on

vient de le dire, c'est « de les soumettre à la raison par
« l'attention et par la réflexion. Toute passion *inattentive,
irréfléchie,* marche à la folie. »

Cela est vrai, parce que toute passion semblable va au
mal et prédispose l'homme à l'*aliénation* de lui-même, et,
par conséquent, à sa *possession* par l'Esprit du mal. Ainsi les
théories scientifiques coïncident avec les théories mystiques ;
ainsi le *langage* lui-même confond, en une seule, leurs conclusions distinctes.

Au dire de M. Flourens, Esquirol analyse très-bien les
passions, en tant que principes de la folie ; il les distingue
« en *primitives*, telles que l'amour, la colère, la crainte, etc.,
« et en *factices*, telles que l'ambition, l'avarice, l'amour
« des distinctions, etc.; » et il prétend que celles qui, au
point de vue de la folie, font le plus de mal sont les passions
factices.

Cela est juste, mais dans une certaine mesure ; car toutes
les passions excessives se résument dans l'égoïsme désor-
donné de l'orgueil, et l'orgueil est assurément la plus primi-
tive de nos passions. Mais, comme la folie est aussi, par dessus
tout, un orgueil complètement déraisonnable, il doit dégé-
nérer en *vanité*, c'est-à-dire en un orgueil vide et tout exté-
rieur, s'attachant plus particulièrement aux signes factices
qui le manifestent qu'à l'intime satisfaction qu'il produit ; et
c'est là ce qui explique le caractère plus particulièrement
puéril de la plupart des folies.

Il était, en conséquence, à ce propos, tout naturel de se
préoccuper de ce qui influe le plus sur les passions, à savoir :
les *idées dominantes*, les *mœurs* générales, les *vices de l'éducation*.

L'hygiène de la folie devra tenir compte de tous ces excitatifs exagérés des passions.

Esquirol signale successivement les effets déplorables de

ces différents milieux sur les faibles intelligences forcées de s'y mouvoir.

Les *idées dominantes* sont de grands courants d'opinion qui portent les forts, mais qui roulent et engloutissent les faibles. Or, dans leur généralité la plus grande, elles se résument dans les idées religieuses et les idées politiques ; ce sont, en effet, celles qui enveloppent le plus complètement et remuent le plus profondément l'homme en tout son être.

Malheureusement, Esquirol ne paraît pas s'être douté de l'importance qu'il y a à distinguer entre la vérité, la fausseté ou l'excès des *idées dominantes* ; et il attribue à toute idée religieuse, comme à toute idée politique, dominante, quelle qu'elle soit, une influence également déterminative de la folie. C'est ainsi qu'il met sur la même ligne, à cet égard, et les idées dominantes sainement catholiques, et ces mêmes idées parfois altérées par un fanatisme que condamne la foi autant que la raison, et les idées dominantes politiques telles que les façonne la brutalité de nos incessantes révolutions. « Le « fanatisme religieux, dit-il, qui a causé tant de folies au- « trefois, a perdu toute son influence aujourd'hui et produit « bien rarement la folie... Tel, ajoute-t-il, que les frayeurs « révolutionnaires de 93 rendirent aliéné, le fut devenu, il y « a deux siècles, par la crainte des sorciers et du diable. » « L'influence de nos troubles politiques a été si constante, « dit-il encore, que je pourrais donner l'histoire de notre « révolution, depuis la prise de la Bastille jusqu'à nos jours, « par celles de quelques aliénés dont la folie se rattache « aux événements qui ont signalé cette période.

« Lorsque le pape vint en France les folies religieuses fu- « rent plus nombreuses ; lorsque Bonaparte fit des rois il y « eut beaucoup de rois et de reines dans les maisons d'a- « liénés. »

Cette confusion d'idées dans un aussi éminent esprit m'étonne et me scandalise ; et elle me semble de nature à avoir dû en jeter une semblable dans ses observations elles-mêmes. La vérité religieuse sainement entendue, et telle que l'a toujours professée l'Eglise catholique , n'a rien à démêler avec ces excès ; elle peut passionner, enthousiasmer , exalter même , mais affoler; jamais ! Laissons à la fausseté ou à la vérité altérée ce triste privilége ; et rappelons-en, de ces observations si brouillées, au sens religieux de notre époque plus éclairée et moins prévenue , en invoquant les droits divins de la vérité , qui ne saurait faire que du bien aux hommes et qu'une pareille assimilation ne peut qu'offenser. On ne se figure pas assez ce que l'esprit de nos plus grands savants aurait gagné en rectitude à subordonner toujours leurs lumières à la lumière supérieure et certaine de la Foi !

A cela près , les observations d'Esquirol peuvent subsister, d'autant plus qu'en les étudiant à fond il serait facile de voir que toutes se rattachent plutôt à des erreurs ou à des vérités altérées qu'à des idées ou des dogmes véritables.

Les *mœurs* sont également de grands excitatifs de la folie ; mais disons aussi les *mœurs mauvaises* et *fausses* ; car ce sont les seules qui lâchent la bride aux passions dans leur course descendante et accélérée vers la folie. « Les mœurs, « dit avec un sens exquis M. Flourens, ne méritent d'être « appelées bonnes qu'à proportion de l'empire qu'elles ont « sur les passions. »

Enfin , viennent les *vices de l'éducation* , troisième influence , qui aurait pu être signalée plutôt comme la première , puisque c'est l'éducation qui pose les bases de nos jugements, qui allume le flambeau de notre foi religieuse et politique, qui donne, en un mot, une loi bonne ou mauvaise à nos passions.

Esquirol fait de graves reproches à notre système d'éducation. Selon lui, il s'occupe trop de l'esprit, trop peu du
cœur ; il est faible ; sa discipline est sans austérité ; et
il tend trop au déclassement social. J'ajouterai, moi, que ces
vices se résument tous dans l'orgueil et la mollesse : l'orgueil
qui est la volupté de l'Esprit, et la mollesse qui est le propre
orgueil de la Chair. « Sois le premier dans la plus douce des
conditions possibles, » dit tout père de nos jours à son fils ;
« sois le meilleur et grandis par l'effort et l'épreuve, » de-
vrait-il dire au contraire :—triste système d'éducation, qui va
toujours s'exagérant en mal et qui n'est bon qu'à multiplier
les femelettes et les fous !

III.

Mais, quelqu'importants que fussent les travaux des deux
savants qui les premiers ont affronté le lugubre problème des
maladies mentales, ils n'avaient pas encore dégagé complètement les deux plus grands inconnus de ce problème, ceux
dont la connaissance doit le plus importer dans cette solution,
à savoir : le siège du mal et le traitement vraiment spécial à
lui appliquer.

L'honneur de les découvrir devait revenir à leurs élèves.
Mais n'est-ce point toujours eux ? car tout en faisant là part
la plus large à l'individualité humaine, qu'est-ce que l'élève,
si ce n'est le maître *continué* ?

Pinel inclinait à placer le siège de la folie dans l'estomac ;
Esquirol le place, tantôt dans les extrémités du système ner-
veux et les foyers de sensibilité de diverses régions, tantôt
dans l'appareil digestif, tantôt dans le foie et ses dépendan-
ces : un peu partout enfin, excepté à son vrai siège, que souvent pourtant il indique implicitement si bien dans l'exposition des faits.

Il paraît incroyable que cet observateur si fin n'ait jamais su tirer de ses observations une conclusion qui, à tous les yeux, semble si évidente. Cependant cela est ; comme si c'était une loi divine de sauvegarde contre l'orgueil humain que les plus grands esprits dussent montrer parfois la plus grande faiblesse !

C'est Georget qui, le premier, a nettement placé le siége de la folie dans le cerveau, répétant en cela Gall, qui lui-même répétait Hippocrate. Mais, de plus que l'ancienne, la doctrine moderne s'appuyait sur l'expérience.

M. Flourens fait observer avec raison qu'il ne s'agit ici que d'une doctrine physiologique ; la philosophie était allée plus vite, et elle était déjà d'accord en cela avec le langage, qui de tout temps a appelé un fou une *tête perdue*, un *écervelé*, etc.

C'est donc de Georget que date l'étude *physiologique* de la folie. Il est seulement fâcheux pour lui qu'en important dans cette étude la découverte de Gall, il ait voulu y importer de même toutes les inventions de son nouveau maître. L'une cependant n'y pouvait servir de passeport aux autres.

Du reste, Georget, qui écrivait en 1820, ne s'est point douté des distinctions anatomiques du cerveau ; il localise la folie dans le cerveau pris en masse.

Il appartenait à M. Flourens de resserrer encore le centre proprement dit de l'intelligence, et par conséquent le siége de la folie qui l'affecte.

Les expériences de ce savant, publiées en 1822, constatent, en effet, trois parties essentiellement distinctes dans la masse de l'*encéphale*, à savoir : la moëlle alongée, siége du principe de la vie ; le cervelet, siége du principe qui coordonne les mouvements de locomotion ; et enfin les *lobes* ou *hémisphères cérébraux*, ou cerveau proprement dit, siége et siége exclusif de l'intelligence.

Ces belles expériences qui expliquent si bien les phéno-

mènes de la vie et de la locomotion simples associés au phénomène de l'aliénation et même de l'idiotisme, ont eu également le mérite de bouleverser la théorie phrénologique de
Gall jusque dans ses fondements. M. Flourens est donc, à
proprement parler, le seul qui ait bien déterminé le siége
véritable de la folie.

IV.

Enfin, venu après tous les autres, enrichi de toutes leurs
découvertes, doué d'un esprit juste et droit, quoiqu'exagé-
rément réactionnaire, Leuret s'est emparé de quelques idées
générales de ses devanciers, et en a fait jaillir les lois per-
fectionnées du traitement moral et du traitement intellectuel
de l'insensé : traitement, du reste, qu'il a le tort de donner
comme le seul remède efficace contre la folie, à l'exclusion de
toute médication physique proprement dite. C'est, en effet,
méconnaître les nécessaires corélations du physique et du
moral ; il ne faut rien outrer.

Leuret apprécie avec une grande délicatesse de jugement les faits passionnels dans leur succession avec accé-
lération croissante, depuis l'habitude avec conscience du vice
ou de l'erreur jusqu'à cette même habitude sans conscience
d'elle-même, qui constitue la folie proprement dite.

Il dit d'un aliéné : « Les mensonges, auxquels il s'était
« habitué, avaient fini par le tromper lui-même. »

C'est dans ces absorptions extrêmes de l'habitude volontaire
de l'erreur et du vice que je vois la folie, plutôt encore que,
selon l'opinion de Locke, dans la simple association vicieuse
des idées. Cette dernière opinion (n'en déplaise au trop célèbre idéologue anglais) me semble excédante, et ce qui est
pis encore, absolument insignifiante dans son application,
puisque, confondant dans la pensée de son auteur l'acte isolé
avec l'habitude vicieuse, elle le pousse à faire, sans hésita-

tion aucune, de tout l'univers un vaste Bedlam. Cette humour britannique est, du reste, du vieux sel pilé trop gros pour la France. « Locke le savait bien, » dit M. Flourens. Je le crois volontiers, si l'illustre académicien voulait malicieusement dire que Locke le savait par expérience. J'aime peu, je l'avoue, ce sophiste de la matière se faisant l'exécuteur implacable des associations vicieuses d'idées. Ce rôle reviendrait mieux à notre Descartes et à notre Bossuet ; double autorité bien plus respectable que M. Flourens invoque souvent avec tant d'à propos.

Quoiqu'il en soit, c'est de cette sage appréciation de l'*habitude* qu'a découlé pour Leuret l'art tout nouveau de sa méthode curative. Elle se réduit à ces simples règles :

1° Détruire l'habitude intellectuelle mauvaise par la distraction et le détournement de l'esprit de l'aliéné de toutes ses idées folles ;

2° Créer, par contre, des habitudes intellectuelles bonnes, par la pratique d'idées et d'actes opposés à ceux qui ont absorbé jusque-là l'esprit de l'aliéné.

Et, pour cela, il s'adresse d'abord au travail du corps, qui est la distraction la plus saine ; et ensuite au travail de l'esprit, qui est la plus nécessaire des occupations. Occuper le corps d'un fou par le travail, cela se conçoit sans peine ; mais occuper l'esprit d'un fou par la pensée ! cela est d'une bien autre difficulté ? C'est donc ici que brille la sagacité et la pénétration de leur savant bienfaiteur.

Leuret amène les aliénés au bon sens et à la raison pleine par l'entraînement instinctif et involontaire du sentiment de l'imitation. Ce sentiment qui pousse le fou, même aux actes de travail physique, ne tarde pas, en effet, à le saisir, par tout son être, pour le travail intellectuel de la pensée ; une certaine honte se fait son auxiliaire ; et il ne s'agit que de commencer.

Mais il est un moyen qui opère plus vite encore parce qu'il prend le fou plus adroitement et même à son insu. C'est la lecture publiquement faite , par le fou lui-même , devant un nombreux auditoire , d'œuvres dramatiques convenablement choisies. Il est rare que les auditeurs, et le lecteur surtout , n'entrent pas dans les rôles , ne s'en passionnent pas , et n'en viennent même pas à s'oublier eux-mêmes pour les personnages qu'ils jouent ou entendent jouer. Cette sorte de changement d'esprit souvent renouvelé ramène ainsi , sans qu'il s'en doute, l'aliéné à la raison.

A ces moyens si simples et si ingénieux , Leuret en ajoute encore de plus hardis, de plus héroïques. Il ose aborder résolûment avec ses fous la discussion même de leur folie et en vient à les contraindre à l'aveu , à la rétractation de cette folie, comme on avoue, « comme on rétracte , « dit-il , un mensonge. »

« Il n'est pas aussi difficile qu'on le pense , dit-il « encore, d'obliger un malade à parler sensément , même » sur l'objet de son délire. «

Je l'admets pour moi sans peine ; car je crois autant à l'utilité morale qu'à l'efficacité sacramentelle de la confes- « sion. « Pourquoi, dit admirablement Sénèque, personne « ne confesse-t-il ses vices ? parce qu'il y est maintenant « même. *Confesser ses vices est une indice de la santé de* « *l'âme. (1).* »

Je me plais donc à voir, dans cette sorte de *Confession* imposée au vice insensé par la science elle-même , une sorte de reconnaissance implicite du caractère éminemment

(1) Quare sua vitia nemo confitetur ? quia in illis etiam nunc est. *Vitia sua confiteri sanitatis indicium est* (Sénèque. *Epist.* LIII). Sanitas, l'opposé *d'insanitas !*

rationnel des préceptes chrétiens et mêmes des doctrines mystiques que j'exposais plus haut. Pour chasser le mal , il faut s'expurger du venin du vice ; et l'aveu n'est autre chose que le venin rejeté par la conscience qui s'épure.

Enfin (et ceci avait un rapport très-direct à la réunion , en un même volume, de ce travail de M. Flourens avec son travail sur la Phrénologie), Leuret examine l'application de la doctrine de Gall à l'étude et, partant, à la guérison de la folie.

S'il faut l'en croire , Gall n'aurait pas eu , à ce sujet , de succès en rapport avec ses prétentions ; et Esquirol lui-même aurait été le fréquent et indiscret témoin des bévues du célèbre cranologue qui , selon lui, réussissait beaucoup mieux à remonter de l'effet morbide connu à la cause cranienne très-inconnue qu'à descendre de cette prétendue cause cranienne à l'effet morbide inconnu. Devant un aliéné dont la folie lui était expliquée, le docteur n'hésitait jamais ; devant un aliéné dont on lui taisait la folie , il s'abstenait toujours prudemment ! Il paraîtrait même , au dire de Leuret, que, dans la collection du docteur Gall achetée, après sa mort, pour le *Musœum* , figuraient trois frag-ments de crânes attribués par Gall à trois aliénés affligés de folies distinctes. Or, ces trois fragments, grâce à un rapprochement très-méchamment opéré par Leuret , se sont trouvés correspondre entre eux comme les trois parties d'une même tête qu'ils avaient bel et bien constitué ja-dis ! *Risum teneatis* ; mais le rire même doit être généreux, puisque Gall est jugé.

De tous ces travaux si nettement et si élégamment analysés , M. Flourens tire une conclusion , qui vaut tout un éloge ; je la dois donc en entier à mon lecteur.

« J'ai voulu , dans cet écrit , présenter à mon lecteur « une grande vérité : La folie peut être prévenue par « l'attention , par la réflexion.

« Guérir la folie est la tâche du médecin , du physio- « logiste.

« Prévenir la folie dépend , pour chacun de nous , de « lui-même , de la force que chacun sent, en soi, de ré- « réfléchir , de replier sa pensée sur sa pensée , de « s'observer.

« Je l'ai déjà dit ; toute passion *inattentive*, *irréfléchie* , « marche vers la folie.

« Toute idée qui subjugue vicieusement l'esprit y marche « de même.

« Tout abus des forces nerveuses épuise le cerveau , « et par le cerveau , la raison même , dont il est le « siège.

« Ce que l'homme aurait le plus d'intérêt à étudier , « et ce qu'il étudie le moins , c'est la mesure de sa raison.

« Il ne sait ni combien cette raison est puissante , ni « combien elle est fragile.

« Le premier philosophe (et c'est Descartes) qui a » démontré à l'homme toute la force de la raison hu- « maine a fait beaucoup pour la grandeur de l'esprit « humain.

« Le physiologiste qui convaincrait l'homme de toute la « fragilité de la raison humaine , ferait plus encore pour « le bonheur de l'humanité. »

Assurément la science humaine ne peut conseiller plus sagement et parler un plus beau langage ; et l'on pourrait déjà dire de ces paroles : « faites cela et vous vivrez (1). »

Mais la science divine daigne completter encore ce règlement hygiénique de l'esprit , en nous prémunissant contre une involontaire présomption, dont l'excès pourrait devenir lui-même un des acheminements les plus dangereux vers la folie. « Oui! dit-elle, ô hommes, votre raison dépend de vous, « de vous, mais avec la grâce de Dieu , et non autrement , « retenez-le bien ; avec elle vous pouvez tout, et sans elle « votre orgueilleuse impuissance peut même vous entraîner « jusqu'au mal excessif , c'est-à-dire jusqu'à l'esclavage « satanique ». A combien de présomptueux ne peut-on pas dire , en effet , comme au premier des orgueilleux : Comment es-tu tombé du ciel , porte-lumière (2) ? Et n'est-ce pas la pauvre science humaine , qui voit ainsi s'éteindre le plus de soleils , le plus de porte-lumières dans son humble ciel ? *La science enfle* , et cette enflure est le commencement de la folie : folie raisonnante , folie contagieuse , vraie peste de l'esprit avant de l'être de la volonté elle-même.

Mais c'est déjà rendre un grand service aux hommes que de leur faire connaître les causes habituelles de ce grand mal , et les remèdes, si simples , à l'aide desquels chacun peut le prévenir en soi.

Or , c'est une habitude pour M. Flourens de bien mériter de l'humanité. Son petit volume, ainsi complété, renferme deux bonnes actions; il est difficile de mieux remplir un livre. Par la première, en balayant du cerveau humain cette démocratie de facultés personnalisées et fortuites, imaginée par Gall, il y a restauré la monarchie vraiment responsable de la volonté intelligente ; par la seconde , en analysant les

(1) Hoc fac et vives. (S. Luc, X, 28).
(2) Quomodo cecidisti de cœlo Lucifer (Isaïe XIV, 12) ?

excès de l'esprit et en en plaçant le siége dans ce même
cerveau , il a signalé les conséquences extrêmes de cette
haute responsabilité. Tel qu'il est , ce livre forme donc un
tout dont les deux parties , bien qu'étrangères l'une à
l'autre , se correspondent , comme je viens de le dire ,
au point de former un code de morale pratique, où la
punition n'exclut pas la pitié , et où le remède lui-même
est un hommage à la pureté des principes.

Répétons-le , du reste , en finissant : un grand honneur
est dû aux hommes supérieurs qui daignent mettre ainsi
les grandes œuvres à la portée des petites intelligences.
Rompre le pain vulgaire de la pensée à ses frères moins
heureux , de la même main qui pourrait se borner à
tenir la coupe de l'ivresse spirituelle dans les festins si
souvent égoïstes de la haute science , c'est une vertu rare ,
une vertu de grande âme , qui doit trouver sa plus belle
récompense dans les vérités qu'elle propage , dans les pures
jouissances qu'elle procure et dans le bien qu'elle accomplit. Il faut craindre d'effaroucher de telles âmes en leur
parlant de succès littéraire , en leur faisant entendre le
bruit d'applaudissements mérités; elles visent à un but placé
bien au-dessus de ces petitesses de l'amour-propre ; et c'est
à peine si leur conscience , d'accord avec celle de tous, a le
droit de leur dire qu'elles l'ont pleinement atteint.

www.ingramcontent.com/pod-product-compliance
Lightning Source LLC
Chambersburg PA
CBHW060809280326
41934CB00010B/2622